DISCOURS PRONONCÉS

A LA DISTRIBUTION DES PRIX

DU

COLLÈGE DE JUILLY

LE 29 JUILLET 1890

SOUS LA

PRÉSIDENCE DE M. LOUIS CALLA

ANCIEN DÉPUTÉ DE PARIS

PARIS

IMPRIMERIE D. DUMOULIN ET Cie

5, RUE DES GRANDS-AUGUSTINS, 5

1890

DISCOURS

PRONONCÉS A LA DISTRIBUTION DES PRIX

DU

COLLÈGE DE JUILLY

DISCOURS PRONONCÉS

A LA DISTRIBUTION DES PRIX

DU

COLLÈGE DE JUILLY

LE 29 JUILLET 1890

SOUS LA

PRÉSIDENCE DE M. LOUIS CALLA

ANCIEN DÉPUTÉ DE PARIS

PARIS

IMPRIMERIE D. DUMOULIN ET Cie

5, RUE DES GRANDS-AUGUSTINS, 5

1890

L'AMIRAL

BERGASSE DU PETIT-THOUARS

DISCOURS

DU

P. PAUL LALLEMAND

AGRÉGÉ DE L'UNIVERSITÉ, DOCTEUR ÈS LETTRES
PROFESSEUR DE RHÉTORIQUE

Monsieur le Président[1],
Mesdames,
Messieurs,

Au mois dernier, un de nos académiciens les plus jeunes et aussi l'un des plus *suggestifs*, pour parler le langage du jour, révélait à son auditoire de l'orphelinat alsacien-lorrain « le procédé employé par Dieu, quand il lui plaît de faire un homme supérieur ». « On se figure, poursuivait-il, qu'il est très difficile à comprendre, ce procédé mystérieux; non, il est très simple, parce qu'il est toujours le même. Le bon Dieu prend un grand cœur, bien solide et bien

1. Pour écrire cette étude, j'ai eu à ma disposition les souvenirs d'amis intimes de l'amiral, ses lettres et son journal, et des notices déjà imprimées ou encore inédites. A M. le capitaine de vaisseau en retraite Prost, en particulier, j'adresse le public hommage de ma gratitude. — Le président de la distribution était M. Calla, ancien député de Paris, ancien élève du collège. — Inutile d'ajouter qu'une partie seulement de ce discours a été lue.

chaud; il lui ordonne de vivre, c'est-à-dire d'aimer et d'agir. Avec cela, l'homme supérieur est fait, tout le reste lui est donné par surcroît, il excelle dans tout ce qu'il entreprend. »

Ce que M. de Vogüé disait éloquemment du comte d'Haussonville, ne l'appliquerait-on pas aussi justement, plus justement encore, à celui dont on se propose de vous parler, l'amiral Abel Bergasse du Petit-Thouars ?

I

Le 14 mai 1890, brusquement, sans s'être fait annoncer, la mort l'emportait comme une riche et précieuse proie. A cette lugubre nouvelle, très vive fut l'émotion. Elle gagna tous les rangs : chef de l'État, ministres, généraux, amiraux, jusqu'à nos princes exilés, dont les sympathies ne pouvaient manquer de se manifester devant cette tombe si inopinément et si prématurément ouverte. Dans la marine, surtout, le deuil fut universel... Elle sentait bien que le chef qui venait de disparaître l'incarnait devant le pays et aux regards de l'étranger... Il y a quelques jours, j'étais reçu dans sa maison, où la noble femme qui porte si dignement son nom m'accueillait, les larmes plein le cœur et plein les yeux, mais avec tant de simplicité cordiale et de bonté charmante ! Sous l'humble toit, rempli de tant de souvenirs, je respirais l'âme de l'illustre mort; elle flottait autour de nous, bénissant ses trois filles, dont deux sont mariées, l'une à M. Ronin, lieutenant de vaisseau, en ce moment au Dahomey, l'autre à un jeune enseigne plein d'avenir, M. Roca d'Huytega. Le fils est au *Borda*; il s'appelle Aristide, comme ce du Petit-Thouars, qui mourut à bord du *Tonnant*, lors de la bataille d'Aboukir. Là donc, l'héroïsme et l'honneur sont des traditions qui ne sont point près de périr! J'ai visité son cabinet de travail, d'où les regards se reposent sur une plaine riante, morceau de cette terre de Beauce, si française, et qui, blonde sous sa parure de blés grandissants, prépare de lourdes gerbes aux faucilles des moissonneurs; puis l'œil s'arrête sur des coteaux boisés, tombant presque à pic dans le Loir.

C'est dans le cimetière du village de Villiers qu'il repose; une grande palme se courbe sur la terre fraîchement remuée, en attendant que s'élève le monument dont les marins de France ont conçu le projet, et auquel tous, du petit au grand, contribuent par une souscription volontaire. Je m'agenouillai dans l'herbe qui entoure la fosse. C'était au nom de Juilly que j'apportais ma prière et mon hommage; au nom de ce Juilly qu'il aimait tant; et pendant que nous étions inclinés dans une oraison où tremblaient des sanglots, Mme du Petit-Thouars me dit : « S'il nous voit du ciel, il doit être bien content; *son* Juilly ne l'oublie pas! » Non, amiral, Juilly ne vous oubliera point, pas plus que vous-même vous n'avez oublié le vieux collège de votre enfance. Juilly est trop fier de vous. Car, en vous, il reconnait un de ses fils les plus fidèles à l'idée maitresse dont il s'est inspiré toujours, la foi catholique unie au patriotisme; en vous, il salue le digne héritier des grands chrétiens qui ont illustré son passé, et son ambition unique est que vos exemples suscitent dans ses écoliers d'aujourd'hui et de demain des hommes qui, comme vous, sauront servir Dieu, honorer leurs croyances religieuses par une existence sans tache, et vivre et mourir pour la France !

Monsieur le Président, vous êtes de la famille, et votre présence affermit la valeur de mon jugement. Il est des champs de bataille variés et où se livre le grand combat qui partage le monde. A l'autorité des vertus privées vous joignez l'influence des vertus civiques. Partout où il y a de saines idées à répandre, des erreurs à réfuter, des conseils décisifs à donner, on vous a vu accourir, sans calculer votre peine, sans marchander votre temps et votre éloquente parole. Sous une autre forme, vous êtes un bon soldat. Juilly est donc heureux aujourd'hui de vous renouveler l'hommage de sa gratitude; le drapeau que vous tenez dans vos mains fermes et fortes abrite dans ses plis les plus purs et les plus glorieux de ses souvenirs, et, j'ose le dire, les plus saines et les plus radieuses de ses espérances.

... Et, tandis que j'étais à genoux devant le tertre funèbre, je songeais à vous, mes amis; et de vous, ma pensée s'en allait plus loin... Cette tête qui gisait là, enveloppée du drapeau tricolore, n'avait-elle point porté les desseins d'où devaient sortir la revanche nationale et la résurrection de la patrie? Cette main, que je me figurais froide et raidie par la mort, n'aurait-elle point su tirer l'épée dont l'éclair indiquerait le chemin des batailles victorieuses et des rentrées triomphales ? Ce cœur, maintenant inerte, n'aurait-il point encore pu battre d'amour pour notre pays qui, à chaque homme marqué par le talent militaire, demande s'il est le sauveur qui doit venir ou s'il faut encore en attendre un autre ? Mais non : ce n'était pas lui, ni Courbet, ni Chanzy. Mon Dieu ! n'auriez-vous donc plus pitié de votre fille aînée ?

C'est le 22 avril 1841 que le jeune Bergasse entra au collège de Juilly. Il descendait d'une famille noble d'Espagne qui, depuis quelques siècles, s'était fixée dans le comté de Foix. Son grand-père, député de Lyon, s'était constitué, avec Malesherbes, le défenseur de Louis XVI. Né à Bordeaux-les-Rouches, le 23 mars 1832, Abel Bergasse n'avait que neuf ans lorsqu'il devenait l'un de vos aînés. D'une aménité séduisante, d'une tenue gracieuse et aimable, il eut bientôt conquis l'affection de ses professeurs, en particulier de son maître d'étude, l'abbé Bataille, mort évêque d'Amiens, et du P. Carl. Lorsque, en 1876, il présidait le banquet de votre Association amicale, il s'écriait : « Pour moi qui suis venu ici, entre la vigoureuse génération enfantée par les Scorbiac et les Salinis, et cette brillante jeunesse, notre espérance !... qui entre dans la vie sous la direction des Pères de l'Oratoire, il me sera permis, au nom de mes contemporains, de payer un tribut de respect et de reconnaissance à la mémoire de ces éminents docteurs alsaciens auxquels nous devons, nous autres, de savoir aimer la France;... de rappeler le nom vénéré de ce Père Carl, si connu, si aimé de vous, mes révérends Pères, et qui vous a transmis, avec le dépôt des antiques traditions de cette grande maison, le feu sacré de l'amour du devoir. »

Le P. Carl l'aima toujours. Quand du Petit-Thouars franchissait le seuil de Juilly, il n'y avait pas longtemps que ce saint prêtre y était venu lui-même. Pour ne point quitter l'abbé Bautain, qui succédait aux Scorbiac et aux Salinis, le P. Carl brisait beaucoup de liens intimes qui le rattachaient à l'Alsace et à Strasbourg. Dieu ne le récompensait-il point de tant de sacrifices, alors que, parmi les premiers enfants qu'il rencontrait à Juilly, il lui offrait dans du Petit-Thouars le futur défenseur de la cité natale, l'adversaire invincible, je n'oserais point dire invaincu des armées allemandes, dont les boulets et les bombes homicides semèrent la mort au sein de la vieille ville alsacienne? Entre le P. Carl et du Petit-Thouars, il se créa une amitié que la mort seule devait rompre. Le P. Carl ne cessa point d'écrire à son fils. Soit au *Borda*, soit dans les diverses campagnes que l'enfant de Juilly traversa, au milieu des dangers, au sein des triomphes, dans les affres de la défaite, dans les joies des victoires et des succès, le P. Carl suivait son disciple et son pénitent. Là-bas, quand le canon du *Dupleix* forçait le Japon à abaisser les barrières séculaires qui se dressaient entre la contrée idolâtre et la France, lorsque, sous la mitraille des batteries badoises, la résistance obstinée et poussée jusqu'à l'héroïsme fou opposait canons à canons, le P. Carl, de Juilly, ne quittait point du cœur son ancien élève. « Je te suis reconnaissant, écrivait-il le 18 novembre 1872, mon bien cher Abel, de la peine que tu as prise de m'écrire plusieurs fois... Il m'est doux de te savoir de retour à Paris, entouré de ta famille, occupé de travaux féconds pour ton pays... Cher fils, ajoutait-il, en faisant allusion à une promesse qui lui avait été faite, cher fils, ton apparition à Juilly me sera bien douce. Je serai heureux d'apprendre à connaître ta femme et tes chers petits enfants. Hélas ! les vieilles gens labourés par la souffrance rebutent les jeunes existences toutes florissantes. Mais je tâcherai d'être aimable ; je les accueillerai avec toute sorte d'effusions. »

Et à travers les hasards et les périls d'une existence de marin, le P. Carl adressait ses conseils, envoyait ses avis, tous puisés dans une piété mâle et forte, et qui se résumaient dans cette parole suprême : *Souffrir, parce que Dieu le veut.* On m'a remis ses lettres. L'amiral les emportait avec lui, pour les méditer, pour s'en nourrir, pour y prendre le secret de l'énergie surhumaine qui le mit toujours à la hauteur des plus difficiles circonstances. « Mon bon et bien-aimé fils, lui écrivait le P. Carl, le 22 mai 1872, souviens-toi que la croix la plus efficace et la plus féconde en bénédictions est celle que la sainte Providence nous envoie, sans notre participation, et alors surtout qu'elle s'accompagne d'humiliations. Salue celle qui est venue te trouver, tout à l'improviste, par ces paroles du Cantique : *O crux! ave, spes unica!* Si tu les répètes chaque fois que tu sens la douleur te mordre au cœur, ou que la couronne d'épines te blesse, elles seront pour toi comme un baume, parce qu'elles expriment naïvement qu'on accepte ce que le bon Dieu nous envoie, et qu'on unit ce qu'on souffre aux souffrances de notre bien-aimé Rédempteur... » Puis, après avoir sympathisé à certaines angoisses qui, à ce moment, étreignaient du Petit-Thouars, le P. Carl ajoute : « Confiance, abandon, simplicité, prudence, mots d'ordre du jour! Et toujours, toujours, en avant! Le Seigneur est avec nous ; nous sommes sûrs de vaincre. Tu vaincras en ce signe de la croix... La croix c'est la douleur et l'humiliation, mais non la défaite... Tout à toi, mon cher fils, il me semble que je t'aime bien plus tendrement encore. Ce 22 mai 1872. »

... Ces lignes que, d'une main tremblante, presque de la main d'un mourant, — sa mort eut lieu, le 20 février 1873, — écrivait le P. Carl, avec quelle émotion les ai-je transcrites! L'amiral du Petit-Thouars ne s'en désaisissait jamais. Quand je les ai relues, ces pages me sont apparues fatiguées par un maniement continuel, usées par la dégradation qu'apportait la variété des climats sous l'influence desquels elles ont voyagé, comme le mot d'ordre qui régissait la conscience, comme la devise qui appelait en haut le cœur et l'intelligence, l'idée et la volonté, de telle sorte, mes amis, que l'on rencontre toujours, dans la vie intime de l'amiral, comme le centre religieux et moral qui l'attirait, le collège où se passa son enfance, où son âme fut initiée aux secrets de la vaillance et de l'héroïsme, — votre Juilly !

Abel Bergasse quittait le collège en 1845, pour se préparer à l'École navale, où, en 1847, il était admis, n'ayant pas encore l'âge de seize ans. Il voulait être marin, continuer à illustrer le nom qu'il méritait de prendre et de porter, alors que, par ses grands-parents, il était, des deux côtés, l'héritier des du Petit-Thouars, de celui qui s'était immortalisé à Aboukir, et de cet autre qui avait donné à la France Taïti et les îles Marquises. Aspirant en 1849, enseigne de vaisseau en 1851, Bergasse du Petit-Thouars faisait son noviciat sur la *Thisbé*, sous les ordres de l'amiral de Roquemaurel. Rude dans l'exercice du pouvoir, minutieux dans les détails, inflexible dans les choses de discipline, Roquemaurel forma le jeune officier qui, parfois, souffrit bien des exigences de son chef, mais qui, plus tard, remerciait Dieu d'avoir été à si bonne école. Il eut le rare bonheur, dès les débuts de sa carrière, d'être à même d'apprécier et d'estimer l'autorité ; il se fit l'homme de l'obéissance. Pourquoi donc nous étonner si, plus tard, il s'est montré l'homme du commandement ?

La guerre de Crimée lui offrit l'occasion qu'appelle tout jeune chef de se signaler et de se révéler. Il quittait la *Capricieuse*, dont le pavillon flottait alors dans les mers de Chine, pour aller sur la frégate *le*

Christophe-Colomb, prendre part aux opérations que dirigeait l'amiral Bruat. Du Petit-Thouars déploya un courage, un sang-froid qui le mirent tout de suite hors de pair, et qui le désignèrent à l'attention de l'amiral Rigault de Genouilly. Il fut donc envoyé à terre avec une batterie, pour coopérer au siège de Sébastopol. Une première blessure, le 12 avril 1855, l'atteignait assez grièvement, sans pourtant l'arrêter dans son service. A peine guéri, il reprenait son poste de combat, et il y recevait une seconde blessure, dans les circonstances que voici. En suivant de l'œil les boulets russes, les commandants des batteries françaises en étaient arrivés à juger celles de leurs pièces qui pouvaient être visées. Le matin du 7 juin, que du Petit-Thouars préparait dans la tranchée une batterie pour l'assaut du lendemain, il vit, en se retournant, un obus qui le devait frapper en pleine poitrine. Il étendit les bras et fut renversé et projeté à quelques mètres. Heureusement, le projectile avait dévié en heurtant un gabion; des éclats et la terre soulevée avaient seuls atteint du Petit-Thouars. Il porta le bras à la tête, croyant avoir le front défoncé : ses yeux étaient en partie hors de leur orbite.

Aussitôt, ses marins se précipitent vers lui ; il était sans mouvement, et dans un tel état qu'un de ses hommes s'écrie : « Le capitaine est perdu ! » A ces mots, du Petit-Thouars, recueillant ses forces, leur dit d'une voix éteinte : « Allons, mes garçons, à vos pièces ! » Pris de fureur, les marins recommencent contre les Russes un feu si terrible que l'ennemi, étonné, comprit qu'un événement extraordinaire venait de se produire. Le délire s'empara de du Petit-Thouars, que ses « garçons » — comme il les nommait — se refusèrent à porter à l'ambulance, désirant le garder dans leur campement. Cette grâce leur fut accordée.

Pendant un mois et demi, ils se relayèrent à son chevet, après avoir passé la nuit dans la tranchée, et, afin d'arroser constamment l'horrible blessure d'eau fraiche, ils en allaient chercher dans leurs chapeaux de cuir, à cent cinquante mètres de distance, sous le feu plongeant des Russes. Un tel dévouement était nécessaire pour sauver le blessé. Il guérit, mais après avoir perdu l'œil droit. Du Petit-Thouars n'avait pas vingt-quatre ans, et déjà il savait susciter un pareil attachement, et monter si simplement au plus haut degré de l'héroïsme! La croix d'honneur lui était décernée : avait-elle jamais mieux été méritée ?

« De retour en France, dit M. Hamel, il est promu lieutenant de vaisseau et, à peine rétabli, appelé auprès du ministre de la Marine, l'amiral Hamelin, comme officier d'ordonnance. Il est embarqué ensuite sur le vaisseau-école de canonnage *le Suffren*, commande avec honneur la canonnière *l'Éclair* dans l'armée navale de l'Adriatique, pendant la guerre d'Italie, puis, après la conclusion de la paix avec l'Autriche, l'*Euphrate*, à bord duquel il remplit, pendant deux ans, une mission hydrographique sur les côtes de l'Algérie.

« En 1862, il fait partie, sur la *Bretagne*, de l'état-major du nouveau commandant de l'escadre de la Méditerranée, l'amiral Rigault de Genouilly, qui l'attache à sa personne comme premier aide de camp, lorsqu'il devient ministre de la Guerre. »

En 1864, il commande l'*Ajaccio* dans la rade de Thérapia. La question de Tunis est à l'ordre du jour. Les Italiens travaillent pour s'y introduire; les Anglais ne sont pas moins habiles, et ils usent de toutes les ressources d'une diplomatie retorse et avisée, afin d'obtenir la cession de ce pays, que protégeraient des garnisons turques. Du Petit-Thouars a l'œil éveillé; il suit attentivement la double marche de ceux qui veulent jouer la France. A la bravoure il unit la perspicacité; il connaît les hommes, et, dans ses lettres, il indique les périls, dévoile les manœuvres, éclaire ceux qui ont la redoutable mission de gérer les affaires du pays. Ajouterai-je que les événements qui se sont écoulés depuis 1864 ont donné complètement raison à du Petit-Thouars?

Il quittait le commandement de l'*Ajaccio*, le 1er septembre 1864, pour aller retrouver sa mère, malade à Bologne, puis, nommé capitaine de frégate, pour reprendre son service d'aide de camp auprès de l'amiral. Si la paix le condamnait à l'inaction, il saisissait toujours les occasions d'être utile. Le 19 août, il avait sauvé l'équipage et les marchandises du trois-mâts français *le Mercure*, qui avait échoué sur le banc Omouz. En quittant sa frégate, il rappelait à son équipage l'étendue de ses devoirs : « Souvenez-vous, disait-il, que tous ici vous représentez la marine française et qu'il ne doit pas y avoir un bâtiment en détresse, pas un incendie à terre, sans qu'on y voie le ruban de l'*Ajaccio*. »

En 1867, il était appelé à se joindre à la division navale des mers de la Chine, et, en qualité de commandant du *Dupleix*, il sortait de Brest, le 12 août, ne se doutant pas des grandes choses qui l'attendaient, ni des résultats heureux dont sa mission serait la source féconde.

Ce n'était point la première fois que du Petit-Thouars allait traverser ces mers dont les vaisseaux français connaissaient depuis si longtemps les flots et les rivages.

Le 28 novembre, il mouille à Saïgon, et il écrit à l'amiral Rigault de Genouilly : « Sans moyen d'action, sans instructions, abandonné de tous, vous avez, de votre propre initiative, planté le pavillon français au cœur du grenier d'abondance de toutes ces contrées, dotant à la fois votre pays d'une situation militaire inexpugnable et d'une colonie placée dans des conditions tout exceptionnelles, puisqu'elle contient en elle-même les éléments d'avenir. »

La traversée de Brest à Saïgon avait été bien employée. Le *Dupleix*, armé de seize canons, avait déjà fait deux campagnes. Mais son pont était embarrassé, son artillerie gênée. Du Petit-Thouars, avant d'y monter, était venu le visiter dans la rade de Cherbourg, et, par quelques transformations très simples, il avait donné toute sa valeur au navire qui l'emmenait. Ces progrès, il les continuait durant les longues heures qu'il fallait passer en mer. A Saïgon, il avait donc la joie d'offrir au gouverneur, l'amiral de la Grandière, dans son équipage une série d'hommes brisés aux services les plus difficiles, et, dans son vaisseau, un type de solidité, de vitesse et d'habileté aux manœuvres. Du Petit-Thouars affectionnait son *Dupleix*. Il n'en parle qu'avec une tendresse profonde, comme si cette coque de bois eût eu une âme. C'est qu'elle portait ses marins; c'est qu'elle se couvrait des couleurs nationales, et que, là où elle apparaissait, elle évoquait le souvenir du grand peuple qu'elle représentait, et donnait aux indigènes de l'extrême Orient comme une vision de cette France lointaine qu'elle venait servir et faire aimer.

Le séjour de du Petit-Thouars à Saïgon dura plus qu'il ne pensait. Toujours ardent à la peine, il fut frappé un jour d'une insolation qui, dans ces climats, est souvent mortelle. Il fut admis à l'hôpital, et sa convalescence hâtée par les soins que lui prodigua Mme de la Grandière, trop heureuse de soulager un officier en qui elle devinait comme un émule de son illustre mari. Du Petit-Thouars, en effet, s'était vite lié avec La Grandière; il le félicitait de ses brillants coups de main qui avaient annexé trois provinces à la colonie primitive; il l'enviait de se consacrer ainsi « à une œuvre de si haute civilisation »; il louait l'amiral de la façon intelligente dont il comprenait l'organisation administrative de cette Indo-Chine, si difficilement soumise, et dont il voulait créer l'organisation militaire qui, pour du Petit-Thouars, se résumait dans ces deux conditions : avoir des détachements européens d'un *bon moral* et *d'un sentiment de devoir consommé.*

Du Petit-Thouars reprenait la mer au commencement de janvier 1868, et après une relâche de huit jours à Hong-Kong, il laissait tomber l'ancre, le 10 février, dans la baie de Yokohama.

Jeté en pleine mer, non loin de la Russie d'Asie d'un côté, de la Chine de l'autre, l'archipel japonais unit l'Orient à l'Occident du monde ; il commande toutes les routes par lesquelles on arrive aux îles malaises à l'Australie, à l'Indo-Chine, je veux dire encore à tous les pays riverains de l'océan Pacifique. Avant que l'industrie et le commerce européens eussent essayé d'y pénétrer, la foi catholique avait franchi toutes les barrières : le 15 août 1541, saint François Xavier abordait au port de Cangoscima. Les chrétientés qu'il avait fondées furent détruites pendant la persécution de Taïco-Sama. Plus tard, notre grand Colbert songea à nouer des relations avec le Japon. Il rédigea donc des instructions qui furent remises à un ancien chef de factorerie hollandaise, M. Caron, qui fit voile pour Nangasaki, mais qui mourut avant d'atteindre le but de son voyage. Ce ne fut qu'en 1847 que le capitaine Cécille se montra sur les côtes japonaises, mais sans avoir l'autorisation de descendre à terre. Les Américains et les Russes renouvelèrent la tentative en 1853 et en 1854 ; le commodore Perry, grâce à ses canons, obtenait, le 31 mars 1854, une convention dont, en 1858, l'Angleterre, par lord Elgin, et la France, par le baron Gros, bénéficiaient à leur tour.

Au moment où du Petit-Thouars arrivait à Yokohama, le Japon traversait une crise politique dont la cause première était la rivalité entre le Shogun, que nous appelons plutôt le Taïkoun, et le Mikado. Battu, chassé d'Osaka, le Taïkoun avait reçu l'appui du ministre de France, M. Roche. Ne soupçonnant pas l'étendue de la révolution dont le Mikado devenait d'abord le chef involontaire, puis le guide intelligent (soutenu qu'il était par des auxiliaires dévoués et décidés à tout), M. Roche avait favorisé l'ancien général de l'armée japonaise, plus porté d'abord à l'entrée des étrangers dans le pays. Le Taïkoun étant culbuté, sa chute mettait en échec la politique française et devenait un désastre personnel pour notre ministre.

Du Petit-Thouars, en apprenant ces nouvelles graves, pensait qu'il fallait se rendre à Osaka, avec des forces imposantes, montrer aux agents du Mikado qu'on avait le moyen d'obtenir militairement tout ce qu'on voulait, faire rendre, par une influence pacifique, tous ses biens au Taïkoun, et faire voir au nouveau gouvernement que les Français étaient prêts à traiter avec lui, et, au besoin, décidés à exiger des garanties pour leurs nationaux.

Un guet-apens précipita la marche des événements. Le commandant de la division navale, M. Roy, et le consul de France avaient eu la pensée de visiter, non loin d'Osaka, la ville de Sakaï, et ordre avait été donné à du Petit-Thouars de les y faire prendre, le 8 mars, par une baleinière de la *Vénus*, remorquée par le canot à vapeur du *Dupleix*. Le pays était inondé par une armée de 30 000 hommes, tous armés du fusil Remington, et les deux représentants de la France, avec leur entourage, arrêtés en route par quelques-uns de ces soldats, se virent obligés de rebrousser chemin. Cependant du Petit-Thouars avait expédié son canot à vapeur sous les ordres de l'enseigne de vaisseau Paris et de l'aspirant Guillon, avec quinze hommes ayant un revolver ramassé et des munitions en caisson, pour parer aux accidents.

Le canot à vapeur arrivait à trois heures de l'après-midi dans le port de Sakaï. Une population tranquille se pressait sur les quais, aux allures si sympathiques que quelques matelots descendirent à terre où on les accueillait par des rires joyeux; on leur offrait même des gâteaux et des fruits. Tout à coup, un des hommes qui étaient sur le quai revient en courant : « Pousse au large ! s'écrie-t-il, nous sommes perdus ! Voilà la garde ! » En effet, soixante à soixante-dix hommes armés de carabines, accompagnés de gens portant des bâtons, se ruent sur le quai, bousculant la foule épouvantée et commencent un feu nourri sur l'embarcation. Le chauffeur, le mécanicien, tombent morts ; l'enseigne Guillon, atteint tout d'abord à la main, reçoit encore une balle qui le frappe et le renverse à la mer. Trois matelots blessés gisent sans mouvement au fond du canot ; trois autres s'abritent, en plongeant sous l'eau, entre l'embarcation et une jonque accostée. Quant au septième, il est laissé pour mort après avoir été assommé à coups de crochet, au moment où il regagne le quai. C'est alors que la baleinière reparaît, avec le jeune Paris ; elle recueille les morts, recherche les blessés, et, voyant que le détachement ennemi court vers les forts pour l'écraser de leur feu, elle parvient, armant deux avirons, à gagner les jetées, d'où, en hissant la voile, elle fait route vers le *Dupleix*. Il était cinq heures du soir. « Immédiatement, dit un témoin oculaire [1], du Petit-Thouars donne l'ordre de faire armer les canots de la division de guerre, et me prescrit de me diriger avec eux sur le canot à vapeur qui venait d'être signalé, faisant route avec ses voiles, pendant que lui-même sautait dans sa baleinière pour porter de plus prompts secours au canot en détresse. Il me fit en ce moment l'effet d'un de ces hommes que le danger élève au-dessus d'eux-mêmes. Ses yeux flamboyaient ; ses ordres jaillissaient nets, précis, sans une parole inutile. En un clin d'œil, son ardeur se communique à tous, et, pendant deux à trois minutes le *Dupleix* fut comme une fourmilière... » Dans le canot à vapeur, du Petit-Thouars ne trouvait plus que sept hommes sur seize, dont cinq blessés, parmi lesquels deux succombaient le lendemain. « Le moral de ces gens-là, écrivait-il au commandant Roy, est au-dessus de tout éloge, et le souvenir de ce que j'ai vu et entendu dans la chaloupe, au moment où je l'ai rejointe,

1. Le capitaine Prost.

vers sept heures un quart du soir, est de ceux qui ne peuvent s'effacer. Pas un cri, pas une plainte! « Ah! vous voilà, commandant! Personne ne leur « avait fait de mal, je vous assure. Ce sont eux qui « ont tiré sur nous, nous étions bien tranquilles. « Pourvu que le commandant de la *Vénus* ne les ait pas « rencontrés! » J'avais sauté à bord avec le docteur, disant à M. Paris de nous remorquer avec la baleinière; il fallait amarrer la bosse devant et rehisser la voile amenée comme j'accostais. M'adressant à un homme assis derrière, je lui dis de mettre la barre d'un bord. « J'ai les deux bras cassés, comman-« dant! » — A un autre au fond de l'embarcation: « J'ai les deux jambes cassées! » (Le malheureux avait le corps traversé par une balle.) Et ainsi des autres. » Et voici ce que raconte du Petit-Thouars de son officier, M. Paris: « Se tenant sans armes sous une grêle de balles, prêt à aller enlever nos hommes s'il en apercevait encore de vivants, il n'est parti pour m'informer que lorsque, depuis un moment déjà, personne ne donnait plus signe de vie, que notre sondeur avait reçu deux blessures et que sa baleinière avait été touchée plusieurs fois[1]. » Ah! mes amis, quels braves gens! Avec quelle émotion j'évoque leur mémoire devant vous, me sentant fier de ce que la terre de France ne se fatigue jamais de porter des héros, d'enfanter des cœurs énergiques devant la mort, et, pour l'amour d'elle, affrontant le trépas avec une vaillance si simple, si facile, comme

1. Lettre du 9 mars.

si c'était une chose toute naturelle ! Mais ceux-là vivaient avec du Petit-Thouars ; ne les avait-il point façonnés à son image, et ne peut-on point redire avec raison le vieil adage: « Tels chefs, tels soldats ? »

Le lendemain, du Petit-Thouars présidait aux funérailles des victimes, et voici l'ordre du jour qu'il adressait à ses marins :

« Équipage du *Dupleix*,

« Nous venons conduire à leur dernière demeure onze de nos camarades traîtreusement assassinés, sans que leurs bourreaux puissent invoquer un prétexte pour justifier leur crime.

« Aujourd'hui, mes amis, nous ne pouvons faire qu'une chose : prier Dieu pour le repos de leurs âmes...

« Adieu donc, braves gens du *Dupleix;* on se souviendra de vous, et vous reposerez en paix, parce que *quand Dieu vous a appelés, il vous a trouvés là où vous deviez être.* » Paroles sublimes, mes amis, que celles-là et où se trahit, avec la foi profonde de du Petit-Thouars, son amour passionné pour le devoir. Le faire, toujours et partout, c'était obéir à Dieu et le servir. Ah! combien nous serions heureux si vous emportiez de Juilly une religion si précise et si noble, puisée à cette double source, le dévouement à Dieu et à la patrie!

Un tel attentat ne devait pas rester impuni. Du Petit-Thouars exigea une réparation, menaçant de ses canons les villes qui bordaient la rade d'Osaka, si les coupables n'étaient pas châtiés. Il eut cependant assez d'empire sur lui-même pour ne pas répondre à l'assassinat de ses hommes par des représailles immédiates ; il préféra agir diplomatiquement et fit parvenir au Mikado son ultimatum, catégorique dans ses légitimes exigences, respectueux dans la forme. Il recevait, pour cette conduite très avisée et très prudente, les félicitations de l'ambassadeur anglais Sir Henri Parkes, qui, le 14 mars, venait voir du Petit-Thouars à son bord. « Comme représentant de la nation anglaise, lui dit-il, je vous remercie, en mon nom et au nom du pays, du courage que vous avez montré dans des circonstances si cruelles pour vous. En résistant à l'entraînement auquel vous ne deviez être que trop porté, vous avez fait faire un pas immense à la civilisation dans ce pays. Cela nous a permis, à nous représentants, de nous assurer des dispositions du gouvernement japonais, de relever, de renforcer son autorité, en lui témoignant qu'on a confiance en lui, et en lui donnant l'occasion d'intervenir[1]. »

Le Mikado, qui n'avait guère que dix-sept à dix-huit ans, fut d'avis que les coupables seraient mis à mort. Ils étaient vingt-deux, presque tous des chefs subalternes, qui avaient agi à l'insu du gouvernement japonais. Il fut donc convenu qu'ils seraient tous exécutés sur le théâtre même du crime, en présence de nos compagnies de débarquement ; qu'un grand personnage de l'empire, avec le prince de Tosa,

1. Rapport du 14 mars.

se rendrait à bord du *Dupleix* pour présenter les excuses du Mikado, et qu'une indemnité de 150 000 dollars serait répartie entre les victimes et leurs parents.

Au jour fixé, le *Dupleix* et la frégate *la Vénus* viennent s'embosser à Sakaï ; les compagnies de débarquement sont mises à terre, en présence des soldats japonais commandés par le prince de Tosa, et qui jusqu'alors n'avaient eu aucune communication avec les Européens. En grand uniforme, le capitaine du Petit-Thouars débarque le dernier, accompagné de deux officiers. Il prend vingt hommes avec lui, fusil au bras, laisse les autres sur le quai, protégés qu'ils sont par les obusiers et les canons des embarcations.

Les condamnés à mort subissent leur peine au Japon d'une double manière. Dans le premier cas, un exécuteur met fin à leurs jours. La dégradation d'abord, la mémoire vouée à l'ignominie, ainsi que celle de la famille, telles sont les conséquences de ce supplice, regardé comme infâme et déshonorant. Mais si le coupable se donne la mort en s'ouvrant l'abdomen, sa mémoire est réhabilitée ; sa famille perd son chef sans être à jamais flétrie. Une idée superstitieuse entoure cette coutume d'une grande popularité : c'est que le sabre du bourreau ne frappe plus alors qu'une masse sans valeur, puisque l'âme, par la blessure des entrailles béantes, a pris son vol vers les régions supérieures. Les assassins de Sakaï devaient mourir par le *hara-kiri*, et, comme il est réglé par un rite religieux, l'exécution se devait faire dans une pagode située à plus d'un mille du débarcadère. Les rues qui y menaient étaient étroites, tortueuses, favorables par conséquent à un nouvel attentat sans qu'une résistance fût possible. Du Petit-Thouars continua sa route, sans paraître soucieux, et s'en remettant à la garde de Dieu.

Il vint donc s'asseoir sur une estrade, à côté du gouverneur d'Osaka ; à l'intérieur de la pagode, ses marins en armes se contenaient avec peine pour ne point massacrer les assassins de leurs camarades. Le supplice commence. Un à un, ces hommes, après s'être ouvert les entrailles, présentent leur tête au bourreau. Les Japonais demeurent impassibles ; nos soldats ne peuvent supporter l'horrible spectacle. A chaque nouvelle exécution, ils ferment les yeux, livides, ou jettent en arrière des regards égarés ; plusieurs sont sur le point de défaillir. De plus, à cause de la solennité du supplice et de la lenteur de ses préparatifs, les heures passent, la nuit s'avance ; et la mer devenue mauvaise bat la côte ; et l'on entend sa grande voix qui monte dans ce silence sinistre de la mort. Du Petit-Thouars se rappelle ces rues étroites où il lui faudra repasser tout à l'heure, avec ses hommes démoralisés et énervés. A la onzième tête : « Nous avons perdu onze hommes, dit-il au gouverneur, que le supplice s'arrête. J'engage ma parole d'honneur que le ministre de France ratifiera ma décision. »

L'effet fut immense. Malgré les résistances qui vinrent du côté d'où on ne les attendait point, du

Petit-Thouars fut remercié et félicité. Avec leur nature chevaleresque, leur haute idée de l'honneur et leur sentiment inné de la générosité, les Japonais se laissèrent séduire par cette conduite où l'énergie s'unissait à la clémence. La responsabilité qu'avait assumée du Petit-Thouars, en arrêtant le cours d'une réparation sanglante, au lieu de peser lourdement sur lui, devint à leurs yeux un mérite ; il se révélait comme un homme assez fort pour obtenir d'eux ce qui était dû à la France insultée, et assez modéré pour savoir s'arrêter dans un triomphe où tant de vies humaines étaient intéressées.

Ce ne fut point pourtant du Petit-Thouars qui, aux yeux du gouvernement impérial de Paris, bénéficia de l'issue de cette douloureuse affaire. M. Roche se fit passer, auprès de la cour des Tuileries, comme l'auteur heureux de cette mesure énergique à la fois et clémente, qui aboutissait à la loi sur la sécurité des étrangers, promulguée par le Mikado, au commencement d'avril. Mais le commandant Roy rendait plus de justice au héros de Sakaï, quand, le 4 juillet 1868, il expédiait le rapport suivant au ministre de la Marine : « Excellent capitaine, plein d'entrain, d'énergie et sachant enlever ses hommes. Il a fait preuve dans l'affaire de Sakaï d'un grand empire sur lui-même, de beaucoup de calme, et de jugement; et, depuis qu'il est à Osaka, il a su, par son caractère digne, par ses manières affables, se faire auprès des principaux membres du gouvernement une position parfaite. »

Le commandant du *Dupleix*, en effet, se mit à étudier les gens du Japon. « Ce qui les distingue écrit-il dans son journal, c'est la spontanéité, la jovialité, mais aussi la sensibilité et la mobilité de pensées, ou plutôt de sensations. D'une manière générale, voici l'ensemble sur lequel repose la société : beaucoup de liberté dans les choses qui ne tirent pas à conséquence, et des règles invariables auxquelles personne ne songe à se soustraire. Le gouvernement fonctionne de la même manière : quelques grandes barrières infranchissables, comme l'autorité du Mikado, puis une grande latitude. Jamais d'arbitraire. Le chef commande dans une certaine sphère d'action, et le moindre de ses subordonnés sait parfaitement qu'il ne peut aller que jusqu'à un certain point, et que s'il dépassait ce point, il encourrait lui-même des peines terribles. » De ce coup d'œil juste, de ces vues pénétrantes, du Petit-Thouars se servait pour se tracer un plan de conduite aussi habile que judicieux, afin d'entrer en relations intimes avec les puissances du pays. « Ne pas oublier, dit-il encore, que, comme au moyen âge, c'est par l'entourage qu'il faut arriver au maître, lequel n'est que le chef de ses barons ou *kéraï*; il faut donc rencontrer ces gens-là, les voir, leur faire comprendre ce que sont et ce que veulent les Européens ici, et le *Daïmio* qui voudrait marcher trop vite n'arriverait qu'à se déconsidérer et n'aurait pas plus d'influence sur son entourage qu'une vieille poupée. »

Celle de du Petit-Thouars, au contraire, allait

grandissant, soit sur les Anglais, dont le ministre, Sir Parke, appréciait sa valeur exceptionnelle, soit sur les princes, amis du Mikado, entre autres, sur Owasima.

Le Mikado quittait enfin Kioto, pour venir à Osaka, pendant que ses soldats allaient lui soumettre Yédo et le nord du Japon. D'Osaka l'empereur visitait le fort Temposan, et le *Dupleix*, pavoisant en son honneur, lui faisait les trois saluts royaux avec ses canons. Tout se passa fort bien, et du Petit-Thouars, de plus en plus convaincu de sa haute mission, s'affermit dans ses premières dispositions. « Mon rôle, écrit-il dans son journal, le 23 avril 1868, doit être de conserver les meilleures relations avec les membres du nouveau gouvernement, de tâcher de bien faire connaître le nom français, de bien séparer l'action de la France de celle des autres gouvernements, tout en montrant les bonnes relations que j'ai avec leurs représentants. » C'est pourquoi il recevait souvent à bord les princes japonais; il nouait amitié avec eux et se créait dans ce difficile milieu un prestige personnel qui rejaillissait sur le drapeau français. Une longue lettre de du Petit-Thouars à l'amiral Olry nous initie à l'étendue et à la largeur de son plan, et met en très vive lumière, avec l'insuffisance de M. Roche, les intrigues des Anglais qui, comme toujours, veulent tirer à leur profit les travaux et les démarches d'autrui, et les services rendus à la cause européenne par un autre Français de grand caractère, M. de Montblanc. « Nous avons, de par M. de Montblanc et de par l'attitude que nous avons prise dans ces derniers événements, une situation magnifique; situation telle que si M. Roche ne la compromet pas par ses imprudences vis-à-vis de Parkes, et par ses relations avec l'*ex-Taïcoun*, elle doit nous mettre à même de diriger le mouvement qui s'opère par l'intermédiaire de M. de Montblanc, et, qui sait? à introduire peut-être, dans un avenir plus rapproché que nous ne l'avons espéré jusqu'ici, nos missionnaires au cœur même du pays. » On le voit, chez du Petit-Thouars la préoccupation religieuse n'était point absorbée par celles de la politique; il ne séparait point, dans son cœur, les intérêts religieux de la cause française. Il avait raison; ils sont tellement unis qu'ils résistent à toute scission, et que tout schisme entre eux serait un crime.

Des imprudences, pourtant, étaient commises. A M. Roche succédait M. Outrey, qui avait, plus que son prédécesseur, l'intelligence des hommes, le flair délicat, l'énergie dans la décision. Mais les Anglais travaillaient contre nous. De plus, la guerre civile continuait ses horreurs dans le Nord, et, par représailles, le gouvernement du Mikado commençait à persécuter les chrétiens, qu'il soupçonnait d'être favorables au Taïkoun.

Du Petit-Thouars s'attriste de ce recul; il souffre de voir inutiles tant d'efforts, tant de sacrifices qu'il a faits. Et voici ce que je lis dans son journal, à la date du 25 août 1868 : « Une chose me frappe au Japon, entre toutes : c'est que loin de tomber en décomposition au contact des Européens, comme les autres sociétés dont la civilisation prend son point de départ ailleurs que dans le christianisme, au contraire, les gens du pays savent s'assimiler ce qui peut leur convenir de nos habitudes, de nos coutumes, et ne les adoptent que petit à petit, alors que les idées de progrès ont assez marché chez eux pour qu'elles n'y soient pas en opposition flagrante avec les mœurs du pays. » Est-ce que l'état actuel du Japon ne confirme pas cette observation si fine et si judicieuse? Elle est suivie de regrets sur l'attitude prise par les Européens vis-à-vis des Japonais : « Est-ce le cas de procéder avec brutalité, de briser, de défoncer tout, comme on l'a fait en Chine? »

Une mission nouvelle arrachait bientôt du Petit-Thouars à ces tristes réflexions. Il devait se rendre à Hakodaté, afin de prendre des informations sur les agissements des Russes dans le nord de Yesso, visiter les Kouriles du Sud, revenir par le détroit de Lapérouse, et rechercher sur la côte Ouest les points faciles au ravitaillement du charbon, enfin voir Megata, Ususuma, Nagasaki. Le *Dupleix* revenait de son excursion, heureusement accomplie, mouiller dans la rade d'Yokohama, le 17 octobre, après l'avoir quittée le 13 septembre. Du Petit-Thouars écrit dans son journal : « Me voici revenu depuis trois jours, ayant ramené l'équipage de la corvette anglaise *le Rawler*, naufragé dans le détroit de Lapérouse, ayant accompli la mission qui m'avait été donnée dans le nord-est de l'île; et mon premier devoir, au moment où je retrouve le temps de prier, est d'adresser à Dieu l'expression de ma profonde reconnaissance pour la protection toute spéciale dont il m'a couvert... Que Dieu m'accorde la grâce de me souvenir de ma faiblesse, de mon incapacité, de mon impuissance, et qu'il daigne me protéger comme il l'a fait jusqu'ici... Mais toutes ces grâces imposent des obligations redoutables. Quand Dieu vous prend par la main, c'est qu'il a des vues sur vous. Il faut, de jour ou de nuit, être prêt à répondre à son appel ; il faut être prêt à jeter de côté les biens, les honneurs, la popularité, pour le suivre nu, misérable, humilié; c'est là la grande épreuve. Elle est redoutable. »

Dans ces lignes, se trahit une peine réelle d'avoir été méconnu, oublié ; de s'être vu confisquer le mérite de labeurs et d'efforts qu'il accomplissait souvent au prix de sa santé. Mais du Petit-Thouars se taisait. Quand il confiait à son journal cette plainte à l'accent chrétien, il venait de voir à leur rude tâche des missionnaires français, dont le chef se nommait Mgr Petitjean, et qui devenait bientôt son commensal, son ami.

Le commandant du *Dupleix* n'avait pas besoin, pourtant, d'être à si noble école pour être à la hauteur de tous ses devoirs.

Mais parce que l'exemple est contagieux, peut-être quittait-il l'évêque missionnaire, au jour où à l'un de ses plus intimes compagnons qui l'engageait à raconter au ministre de la Marine tous les faits passés, et tels qu'ils s'étaient passés, afin de les rétablir dans leur authenticité, il répondait : « Renseigner le ministre sur les actes d'un chef, ce serait une faute contre la discipline que je ne me pardonnerais jamais. D'ailleurs, je suis garanti contre une telle tentation par le souvenir de mon oncle. Si j'avais commis une telle faute et que mon oncle l'eût su, il n'aurait plus voulu me revoir. »

Le 20 juin 1869, du Petit-Thouars disait adieu au Japon; il devait, à Saïgon, rencontrer l'officier qui le remplaçait au commandement du *Dupleix*. Quelques mois après, il était *nommé capitaine de vaisseau*, signalé à l'attention toute particulière du ministre par cet éloge de l'amiral Ohier : « Vrai marin, homme de grand cœur, supérieurement intelligent, très instruit. Il a sur ses inférieurs un empire énorme. A bord de son bâtiment, où la discipline la plus sévère est maintenue, il est aimé de tous. Par sa brillante éducation, ses nobles sentiments, le charme de sa personne, il exerce une grande influence sur tous. »

Du Japon, du Petit-Thouars allait passer sur un autre théâtre, hélas! mais où il se montrait digne de lui-même, c'est-à-dire énergique, dévoué, héroïque... à Strasbourg!

II

Strasbourg! Metz! la France vaincue, mais non déshonorée, l'Alsace et la Lorraine dépecées, comme les lambeaux d'une riche proie, puis le sang « de France », comme disait Jeanne d'Arc, coulant sur tant de champs de bataille, les défaites s'enchaînant aux défaites, les désastres continuant les désastres, le deuil national faisant oublier tant de deuils privés, ces orphelins, ces veuves, ces vieillards sans asile, pendant que l'incendie brûle les hameaux, Fontenoy et Bazeilles, les villes, Châteaudun et Bapaume... Ah! mes amis, vous n'étiez pas nés lorsque l'histoire écrivait dans ses annales ces dates maudites, ces journées fatales, ces noms ensanglantés et pleins de larmes!... Et je me demande si vous, jeunes gens de nos collèges chrétiens, et si les autres adolescents qui grandissent ailleurs, si vous tous vous essayez, non pas de vous souvenir, — la souvenance n'est que la résurrection des choses que l'on a vues, — mais de vous imaginer nos souffrances, nos brisements de cœur, nos désespoirs, nos cris de douleur, notre prière ardente qui retombait sur nous, lourde, brisée dans son essor, parce que là-haut une main invisible lui avait cassé les ailes — comme si Dieu lui-même se fût fait le protecteur de notre ennemi!... Il y a vingt ans!

Non! C'était hier! C'était hier qu'à travers nos campagnes affolées retentissait ce cri d'épouvante, donnant la panique : « Les Prussiens! les Prussiens! » C'était hier que, des plaines de l'Alsace, nous voyions briller, dans la nuit paisible de l'automne si doux à notre climat, la flamme sacrilège où s'effondrait le toit de la cathédrale de Strasbourg, la bibliothèque — unique peut-être — de la vieille ville, et même l'hôpital civil, sur lequel, vainement, flottait le drapeau noir. C'était hier que le Rhin, aux glaçons gigantesques, sous le froid rude de la fin de janvier, cessait d'être un fleuve français. Et cependant, les crêtes de la Forêt-Noire se couronnaient de feux de joie; les canons vainqueurs entonnaient leur chœur de triomphe. « Ah! les spoliateurs du territoire, qu'ils soient maudits de Dieu; car il n'y a pas de crimes comparables à celui qui consiste à ravir à tout un peuple sa nationalité! » Qui donc lance cet anathème où la charité chrétienne semble avoir sombré? De quel cœur a jailli cette explosion de colère sacrée, où l'on sent frémir l'indignation qu'excitent la justice violée, les droits méconnus, et durer encore la douleur d'une blessure qui ne se guérira jamais? C'est du Petit-Thouars qui, de sa tombe à peine fermée, frappe de ce cri vibrant et courroucé ceux-là pour qui la force a primé le droit. Et au nom de mes compatriotes, courbés sous un joug de plus en plus dur, bloqués dans l'Alsace-Lorraine, qu'entoure un cercle infranchissable; au nom de leurs vingt années de souffrances, de l'exil qui les parque dans la terre natale, sorte de lépreux auxquels nul ne doit se joindre; au nom des mères qui n'embrassent plus leurs fils; au nom des pères à qui n'est plus permise la vision souriante de leurs filles restées françaises; au nom de tous les cœurs outrageusement et insolemment broyés sous la main de fer d'une conquête qui ment à l'histoire comme elle se moque de la justice, je vous demande la permission, dans ce Juilly qu'ont fait si grand ces maîtres antiques venus d'Alsace, comme pour lui rendre un nouvel éclat et une plus incontestable royauté, je vous demande la permission de répéter — et je veux que vous applaudissiez — l'éloquente et émouvante protestation de votre aîné, du Petit-Thouars :

« Ah ! les spoliateurs du territoire, qu'ils soient maudits de Dieu, car il n'y a pas de crimes comparables à celui qui consiste à ravir à tout un peuple sa nationalité ! »

Et il avait le droit de parler ainsi...

Nommé chef d'état-major de la flottille du Rhin, dont l'amiral Exelmans avait le commandement, du Petit-Thouars arrivait à Strasbourg le 2 août 1870, avec l'ordre d'y organiser le service. Les canonnières n'entrèrent jamais dans la ville, et, après la bataille de Frœschwiller, du Petit-Thouars fut chargé, avec quarante-trois marins, auxquels furent adjoints soixante-quatorze hommes, conscrits de 1869, de défendre un coin des remparts, le plus avancé vers la rive allemande du Rhin, le Contades.

Malgré le désarroi causé par un investissement auquel on ne s'attendait pas, la défense fut énergique. Cinquante mille hommes, sous le général badois de Werder, assiègent la ville dont la garnison est à peine le quart des forces ennemies. Qu'importe ! Le duel s'engage, déloyal, perfide et brutal de la part des Allemands, téméraire dans sa vaillance du côté des Strasbourgeois. Du Petit-Thouars est l'âme de la résistance. Chaque matin, on le voit assister à la messe, drapé dans son manteau ; puis il va à ses batteries, dirigeant le tir lui-même, encourageant ses marins, payant toujours de sa personne. Je le laisse parler, mes amis. Avec l'homme de cœur vous allez entendre l'écrivain qui, aux heures décisives, trouve dans son âme émue et exaltée le mot pittoresque, l'art de rendre ce qu'il sent ; de telle sorte qu'une fois de plus vous donnerez raison à Buffon, dont l'adage, un peu détourné de son sens primitif, prend ici toute sa valeur : « Le style c'est l'homme. »

« Le 18 août, écrit du Petit-Thouars, on sut qu'il se passerait quelque chose de sérieux le soir. Je m'étais rendu, comme de coutume, au Contades, où nous étions fort en l'air ; la nuit se faisait sombre et nous attendions, l'œil ouvert sur ces immenses masses de verdure qui nous entouraient, pensant plutôt à quelque attaque de vive force qu'à un bombardement, quand tout d'un coup l'horizon s'illumina, et une grêle de projectiles, passant par-dessus nos têtes, alla s'abattre sur la ville. Il en pleuvait de tous les côtés, et la distance des batteries était telle qu'on ne voyait que la lueur du coup, et qu'il fallut prendre une montre à secondes pour se rendre compte qu'elles étaient à environ trois mille mètres !

« Au silence qui régnait succéda alors une immense rumeur venant de la ville plongée encore dans l'obscurité ; puis des lueurs parurent ; puis des flammes s'élevèrent de tous côtés ; puis, reflétant ces teintes fantastiques, la flèche de la cathédrale commença à flamboyer, et au-dessus du fracas de l'artillerie, du crépitement de l'incendie, des voix qui s'appelaient, on entendit la note aiguë des cris d'enfants dominant tout le reste.

« Ce fut un spectacle horrible!

« Nous étions là ne pouvant rien, car nous sentions que tirer au jugé, à la lueur des coups, à une distance incertaine, c'était brûler des munitions inutilement. D'un autre côté, il fallait être prêt à tout, puisque ce pouvait n'être qu'une feinte destinée à attirer l'attention sur la ville, tandis que les Allemands auraient tenté quelque part un coup de main sérieux.

« Mais quand, de tous les côtés, les incendies furent allumés, le tir, s'abaissant, nous couvrit en un instant d'une grêle de projectiles, *comme pour nous montrer qu'on pensait aussi à nous.*

« *Je dois le dire, ce fut un soulagement!* »

« Le soir du 1er septembre, dit M. Hamel, il apprend par ses éclaireurs que les Allemands ont résolu de tenter une surprise du côté d'un des ponts en pierre jetés sur l'Ill. Un exprès, qu'il envoie aussitôt au commandant de la place, le général Uhrich, revient lui annoncer que le général, fatigué, remet au lendemain toute opération militaire. C'est la nuit même cependant qu'il faut faire sauter ce pont ; le lendemain, ce sera trop tard. Le commandant du Petit-Thouars n'hésite pas ; il court au quartier général. L'officier de service lui objecte ses ordres ; il insiste et pénètre jusqu'au général qui lui dit en maugréant : « Que diable, Monsieur, il sera temps de détruire ce « pont demain, et j'y veillerai. — Mon général, c'est « sur l'heure que j'ai besoin de cet ordre ; » et comme le général impatienté le congédie : « J'obéis, général,

« lui dit du Petit-Thouars, mais la mort dans l'âme ; » et se redressant de toute sa haute taille, il ajoute : « Rappelez-vous que vous répondrez sur votre tête du « salut de Strasbourg. » Ce ton solennel de son interlocuteur en impose au général, qui finit par lui donner carte blanche. Deux heures après, le pont était miné, et à l'aube il sautait, entraînant dans sa chute l'avant-garde d'une colonne ennemie. Ce fut le signal d'une lutte acharnée. Le commandant du Petit-Thouars y fut blessé d'un éclat d'obus. Il n'en resta pas moins à son poste de combat, et ne rentra qu'après avoir encloué les canons allemands. »

Inférieure en puissance à celle de l'ennemi, son artillerie compensait cette infériorité par des feux convergents. A un signal donné, toutes ses batteries tiraient à la fois sur la même batterie ennemie, dont souvent elles éteignaient le feu.

Le bombardement dura quarante jours ; 700 soldats tués, 2 000 habitants blessés ou tués, parmi lesquels beaucoup d'enfants. Du Petit-Thouars n'oublia jamais les voix plaintives de ces chères petites créatures que la mort venait surprendre, la nuit, dans leurs berceaux. « En attendant le jugement impartial de l'histoire, écrit-il, je ne souhaite pour ma part, au souverain qui, ceint déjà des lauriers de la victoire, a laissé ses lieutenants inaugurer tant d'horreurs, d'autre châtiment que d'entendre à son dernier jour, à sa dernière heure, les cris des petits enfants de Strasbourg expirant dans les flammes..... »

Sur les berceaux ensanglantés les mères pleuraient ;

mais comme elles se fortifiaient dans l'héroïque pensée de rester Françaises, quand même !

« Durant tout ce siège, écrit encore l'amiral, sans que jamais la pluie de fer et de feu qui tombait de toutes parts dans les rues les arrêtât, on les a vues, intrépides et tremblantes, se pressant dans les églises, où elles priaient le Dieu tout-puissant de les sauver par un miracle ; dans les hôpitaux, où elles se multipliaient auprès des malades et des blessés ; et lorsque, revenant du Contades, je rentrais en ville, le matin, maintes fois j'en ai rencontré, la figure pâle et défaite, les traits amaigris, frissonnant de tous leur membres à chaque détonation, qui me disaient : « N'est-ce pas, « Monsieur, on ne se rendra pas ? »

Oui, après avoir vu l'incendie de Schlestadt et de Brisach, par ce beau ciel de septembre d'un bleu si pur, sous ce soleil automnal, caressant de ses rayons si doux nos montagnes aux grands sapins, nos plaines que doraient les houblonnières mûres, nous étions, malgré l'envahissement, heureux d'entendre gronder au loin le canon de Strasbourg. La France tenait encore là ; là flottait son drapeau ; la patrie nous parlait par cette voix intermittente. D'instinct, nous nous orientions vers cette flèche aérienne que mutilaient les boulets ennemis, mais qui portait encore les couleurs nationales.

La nuit, nos yeux ne se détachaient point de ces lueurs d'incendie, impuissants que nous étions à venger, même à secourir nos frères... Le trépas pleuvait au loin, et c'étaient des Alsaciens comme nous qui tombaient victimes de leur patriotisme... Nous pleurions... Mais toujours, à chaque aube radieuse, — car jamais, par une ironie amère des choses, il n'y avait eu tant de sourires dans notre firmament, et une si profonde joie de vivre dans la nature, — le bruit du canon nous arrivait, solennel, poignant... Dans le déluge qui nous inondait, ce coin de terre n'était pas encore submergé, îlot perdu dans un océan dont les flots montaient toujours plus pressés et plus nombreux. Et nous nous redisions les noms de ceux-là qui le défendaient : Exelmans, Blot, Human, Mallarmé, Fiévée, du Petit-Thouars.

... Un matin, le 27 septembre, le silence, — un grand silence comme celui qui suit la mort d'un être qui vous est cher. « C'est que c'était bien la mort qui s'abattait sur Strasbourg, arrachée sanglante et toute palpitante encore de patriotisme des bras mutilés de la France ! »

C'était fini : nous étions Allemands !

A l'officier qui avait négocié la reddition, une des premières questions du général de Werder avait été celle-ci : « Reste-t-il encore des marins ? Quels braves gens ! » C'était l'éloge même de du Petit-Thouars, s'échappant des lèvres de l'ennemi.

On lui offrit sa liberté. « Je refuse, dit-il, et demande à partager le sort de mes compagnons de captivité. » Le 4 octobre suivant, il écrivait à un ami de Strasbourg : « J'ai obtenu que la poignée de braves gens qui me restent serait internée à Rastadt, et j'ai la promesse du général de Waag, commandant de la place, que je serais laissé auprès d'eux ; nous ne nous quitterons donc pas jusqu'au jour où nous rentrerons ensemble. La route a été *rude* de toutes façons. Quelle dure chose que de retomber dans le calme, après ces journées à remplir et quelle épreuve de ne plus se sentir capable de faire quoi que ce soit pour son pays ! Que n'avons-nous pu faire ce que nous voulions tant ! »

Oui, la route avait été rude. Une centaine d'officiers, qui n'avaient point voulu signer de revers, avec douze à quinze mille hommes, formaient une longue colonne « maintenue par un double cordon de fantassins et de cavaliers prussiens, dont la brutalité — c'est du Petit-Thouars qui parle dans son *Rapport au ministre de la Marine, sur les internés à Rastadt*, — ne tarde pas à s'exercer sur les traînards. Nous marchâmes ainsi durant deux longues journées, presque sans repos ni distributions de vivres, continuellement maltraités, et malgré les conditions expresses de la capitulation, un grand nombre d'officiers se virent enlever leurs armes. Mais ceux qui ont fait cette route *à pied* ne peuvent le regretter ; car ils ont pu protéger encore leurs hommes en intimidant de temps en temps les officiers et les soldats de l'escorte, et ils savent maintenant ce que c'est de se trouver livrés sans défense aux mains des Allemands. » Ce que ne dit point du Petit-Thouars, toujours ingénieux à s'oublier, c'est que lui-même marchait *à pied* avec ses marins. A peine guéri de la blessure qu'il a reçue le 2 septembre, fatigué, il s'appuie à un arbre du chemin pour se reposer un peu. Un Allemand le frappe du plat de son sabre. Les marins bondissent sur lui aussitôt, la colère les rend fous ; et leur indignation s'étendant aux autres prisonniers, voici la révolte et les rixes meurtrières. L'énergie de du Petit-Thouars les ramène au sentiment d'une vraie dignité ; son attitude, sa parole affectueuse, ont merci de la surexcitation de nos pauvres soldats. Mais lui surtout sait par son expérience personnelle « ce que c'est de se trouver livré sans défense aux mains des Allemands ».

Un champ nouveau s'ouvre au dévouement de du Petit-Thouars. Ne faut-il pas alléger les souffrances des soldats, adoucir leur situation matérielle et morale, subvenir à leurs besoins; malades, les visiter; mourants, les assister, et même, quand ils sont morts, s'occuper de leurs restes qui, comme ossements de chrétiens et de Français, ont droit à tant d'honneurs et à tant de respect? Il se donne, en effet, à tous ces devoirs multiples. Il a bientôt conquis un ascendant irrésistible sur le général de Waag : il en profite. Aux ambulances, il facilite l'entrée de nos aumôniers et de nos médecins; dans les baraquements, il distribue les vêtements, le savon, le tabac, les vivres. Il voit souvent les officiers; il parcourt, chaque soir, les dépôts des soldats. Trois cent cinquante-quatre d'entre eux succombent aux privations, aux maladies. Du Petit-Thouars les fait enterrer militairement, et chaque mort a une fosse séparée, avec un monument qui permette aux familles de retrouver la place où reposent leurs enfants; il fonde enfin une messe commémorative à perpétuité, pour le repos de leurs âmes, et, sans s'en douter, il crée l'*Œuvre des prières et des tombes*, dont un prêtre au cœur si français, le Père Joseph, s'est constitué l'aumônier et le défenseur. Même dans ces heures assombries, du Petit-Thouars restait fidèle à l'humour et avait des mots heureux. Un jour, un vieux marin amputé hésite à se confesser : « Comment, lui dit le commandant, tu as eu le courage de donner un de tes bras pour la patrie et tu as peur de diriger tes pieds vers le ciel? — Mon capitaine, vous avez raison. » Et l'homme fit une confession qui émut le prêtre jusqu'aux larmes.

A cette vie pleine d'émotions angoissantes et exposée aux tracasseries et aux fatigues, sa santé ne résista point. Il fut pris d'une fluxion de poitrine dangereuse; le gouvernement allemand fit informer Mme du Petit-Thouars de l'état inquiétant de son mari et lui délivra un sauf-conduit qui lui permit de le rejoindre à Rastadt.

Le 29 juillet 1871, l'amiral Pothuau, en réponse à son rapport sur les internés dans cette ville, écrit au commandant : « C'est grâce à votre tact et à votre énergie que les autorités allemandes se sont relâchées peu à peu de leur rigueur. Votre conduite dévouée pendant cette longue captivité a été digne de vos antécédents. A Rastadt comme à Strasbourg, vous avez brillamment représenté la marine. »

Non, son souvenir n'est point effacé chez nous. Sa mort y a excité une profonde douleur. L'Alsace, du moins, lui témoignait sa reconnaissance au jour où l'un de ses fils les plus illustres, soldat volontaire pendant la triste campagne, orateur éloquent, et mettant aisément sa parole vibrante et chaude à la hauteur des grandes causes qu'il a défendues à la tribune, patriote jusqu'à la moelle, catholique sans peur et sans reproche, M. Keller, demandait pour du Petit-Thouars à Gambetta le grade de contre-amiral.

Une vision m'obsède, mes amis, et, avant de quitter ces souvenirs de l'année terrible, pardonnez-moi l'ambition de l'évoquer devant vous, telle qu'elle me séduit et m'émeut. Lorsque Bergasse du Petit-Thouars faisait ici sa sixième, il rencontrait sur les mêmes bancs un enfant qui portait un beau nom; puis, parmi ses camarades de la cour des grands, on pouvait lui montrer un jeune rhétoricien brillamment applaudi à toutes les distributions de prix; l'année précédente, enfin, un candidat à l'école Saint-Cyr quittait le collège où, pendant quatre ans, il avait été un modèle de piété, de travail et de discipline. Trente années après, le rhétoricien achève la conquête du Sénégal et plante le drapeau de la France sur les rives du Niger : c'est Brière de l'Isle. Sur le champ de bataille de Loigny, en présence d'une division allemande et sous sa mitraille meurtrière, alors que la panique affole les régiments qui s'enfuient, sublime d'énergie, un général à cheval, et à ses côtés, rayonnant d'allégresse, comme s'il allait à une fête, un jeune commandant, entraînent après eux à la mort certaine trois cents zouaves qui sauvent l'honneur du drapeau et le drapeau de l'honneur. C'étaient le condisciple et l'ancien de du Petit-Thouars, Le Caron de Troussures et de Sonis. Tels sont vos aînés, mes amis! Tels sont les fils que votre Juilly donne à la France! Quelle leçon ajouter à de pareils exemples?

III

Le temps ne me permet pas de suivre du Petit-Thouars dans le reste de sa carrière : sa campagne du Pacifique, aux îles Marquises, son intervention dans la guerre entre le Chili et le Pérou, où il sauvait Lima des horreurs d'une commune, son commandement enfin à l'escadre d'évolutions de la Méditerranée. J'aurais voulu vous dire l'amour qu'il avait pour son métier de marin, le souci constant qui le tourmentait, afin d'améliorer tout ce qui était susceptible de progrès, exercices, armements, tir, torpilleurs. Je n'ai plus qu'à tracer son portrait; puissé-je le reproduire tel qu'il m'est apparu!

Du Petit-Thouars fut surtout un grand chrétien et un grand Français. En toutes choses, il pensait d'abord à Dieu, à Dieu *tout-puissant*. L'idée des droits et du souverain empire de Dieu avait pénétré son âme, qui se sentait toujours sous la direction et sous la maîtrise de cette suprême domination. Le devoir devenait pour lui l'expression exacte de la volonté divine. Quand il avait une décision à prendre, il se recueillait; il priait, dans l'aveu agenouillé de sa faiblesse. Puis, tout retour sur lui-même écarté, toute vue d'amour-propre rejetée, il allait tout droit, sans broncher. « Me voici encore lancé sur la grande mer, écrivait-il le 14 septembre 1868, lors de sa mission pour Hokodaté, au milieu des dangers, des hasards ; sentant ma faiblesse, mon incapacité, du fond du cœur. J'adresse ma prière, mon cri de détresse au Dieu tout-puissant, le suppliant de m'aider, de me diriger. Tout est difficile sans lui ; tout est aisé avec lui. Tout est préoccupation quand on songe à sa personnalité; tout est simple quand on s'en remet à la volonté divine. La question est de savoir si l'on fait ce que l'on doit. Dieu nous donnera le reste. » Un officier qui l'a un peu connu écrit : « Un sentiment du devoir et de l'honneur poussé à ses dernières limites, et uni à une énergie vraiment surhumaine, était la caractéristique de l'amiral. Tout chez lui était subordonné à l'idée du devoir. Ni une idée mesquine ni un sentiment égoïste ne pouvaient effleurer sa grande âme. C'était un vrai chef dans toute l'acception du mot; et la marine a fait en lui une perte irréparable, non seulement à cause de tout le bien qu'il aurait pu faire, mais surtout à cause de l'exemple vivant qu'il donnait à tous, exemple d'autant plus nécessaire à une époque comme la nôtre, où presque tous ne pensent trop qu'à l'intérêt personnel et ont trop de tendance à oublier l'intérêt supérieur du service et du pays. » Ame de progrès, du Petit-Thouars, dont l'idéal était très haut, ne connaissait point le respect humain. Il pratiquait sa religion avec le sérieux et la dignité dont le soin se reflétait dans toute sa conduite. Il se confessait tous les quinze jours; il communiait toujours en grand uniforme. Un jour qu'un ami lui conseillait timidement de ne point revêtir son costume d'amiral pour s'approcher de la sainte table : « Mais, répondit-il, c'est le costume que je prends toujours quand je me rends auprès de mes supérieurs. » Son chef d'état-major sur la *Victorieuse*, le commandant Wyts, lui rend le même témoignage :

« Profondément chrétien, l'amiral priait et *pratiquait*, à bord comme à terre, en face de ses subordonnés, aussi bien que dans l'ombre d'une église ; et pendant les deux ans que j'ai passés à côté de lui, vivant de sa vie, je ne l'ai pas vu commettre un seul acte qui fût contraire à ses devoirs : j'entends ses devoirs envers Dieu, envers lui-même et envers les siens; c'est là son mérite le plus appréciable pour cette autre vie, où les grandeurs de ce monde ne pèsent pas plus qu'un fétu dans la balance de l'éternelle justice ; c'est là aussi la meilleure des consolations pour ceux qu'il laisse ici-bas, et qui le pleurent.

C'était au mois d'avril dernier, lors du voyage de M. Carnot, qui se rendait en Corse. L'escadre avait fait ses évolutions : il était six heures du soir. Sur la passerelle du *Formidable*, président de la République, amiraux, ministres, les états-majors causaient avec animation. Tout à coup, le roulement du tambour se fait entendre, annonçant la prière du soir. Aussitôt du Petit-Thouars se découvre et se tait. Tous l'imitent, et la prière s'achève dans un silence respectueux, tandis que le soleil descendait dans les eaux bleues de la mer. Et l'amiral, racontant le trait à un ami, disait en souriant : « Enfin, je leur ai fait faire la prière à tous. » Huit jours avant sa mort, au repas de noces de sa seconde fille, dans la vaste et imposante salle du *Formidable*, sur lequel flottait son pavillon de commandant en chef, à une table de quarante couverts, au milieu d'épaulettes et de broderies d'or, il faisait réciter tout haut le *Benedicite*, et traçait sur sa poitrine un grand signe de croix.

Ah! mes amis, ce courage-là est plus rare peut-être que celui qui bronze les cœurs, en face de la mort des champs de bataille : du Petit-Thouars connaissait l'un et l'autre; il les montrait avec simplicité, sans jactance comme sans embarras, tant l'atmosphère des pensées grandes était familière à son âme.

A cette foi vivante s'alliait un patriotisme qu'épuraient encore et que fortifiaient ses convictions religieuses. La France, la France chrétienne était le deuxième amour qui faisait battre son cœur. Victorieuse, il l'aimait à cause de son histoire, de son influence, de son action efficace, mise au service des idées généreuses et des sentiments chevaleresques. Humiliée et vaincue, il ressentit pour elle une tendresse qu'aviva désormais la passion de lui rendre tout ce qu'elle avait perdu. Homme d'un labeur infatigable, d'une discipline peu débonnaire, il ne cessait d'exciter son entourage au travail, avec cette perspective d'une revanche prochaine; il fallait s'y préparer; il fallait être prêt. « Mes amis, disait-il souvent à ses marins, avant tout, la Patrie! Dieu et Patrie! c'est notre devise. » Et, devant son cercueil, à Toulon, M. le capitaine de vaisseau Fournier donnait ce commentaire éloquent à la devise de l'amiral :

« Comme ces preux d'un autre âge, toujours à la veillée des armes, il étudiait sans relâche, dans sa vigilance patriotique, les champs de bataille de l'avenir, usant ses forces dans d'incessants et rudes labeurs pour accumuler sur nos bâtiments de combat tous les matériaux de la victoire. »

Le 12 décembre 1888, un enseigne de vaisseau, Bernard de Nanteuil, est tué, avec quelques matelots, en service commandé au bord de l'*Amiral-Duperré*. A leurs funérailles, l'amiral du Petit-Thouars prononça quelques paroles. Écoutez-les avec respect, mes amis : elles portent encore la double empreinte de ce patriotisme et de cette foi ardente que je vous signale :

« La mort a fauché parmi nous!... La terre va recouvrir les débris mutilés de nos camarades du *Duperré;* la mer a déjà englouti les autres, et tout serait fini pour ceux que nous avons aimés, si l'homme n'avait un cœur et une âme.

« Le cœur! Ah! il saigne, il est déchiré chez nous par cette brutale séparation.... Mais il ne gardera que plus fidèlement leur souvenir, et il honorera leur mémoire.

« Leurs âmes, à eux! Ah! il suffit de jeter un regard sur cette croix qui va abriter leurs restes; de se rappeler qu'ils ont trouvé la mort dans l'accomplissement de leur devoir, pour sentir qu'elles se sont envolées vers Dieu, et qu'elles y reposent en paix.

« En rentrant à bord ce soir, mes garçons, nous chérirons davantage ces planches sacrées qui portent le pavillon de la France, ces planches qui viennent d'être arrosées de leur sang généreux.

« La France se souviendra d'eux, et les noms de Nanteuïl, de Jaffrès, Petton, Porcher, Vauquier, Gneau, se graveront à côté de ceux qui sont morts pour leur pays, morts... pour vivre toujours ! »

Quand la mort se présenta à lui, le 14 mai dernier, l'amiral du Petit-Thouars lui fit bon visage. En moins d'une heure, tout fut fini. Après s'être confessé, il appela Mme du Petit-Thouars : « Embrassez-moi, ma chère femme, lui dit-il; ce qui arrive n'est la faute de personne. C'est Dieu qui le veut; et ce que Dieu fait est bien fait ! » Puis, il mourut.

Lui aussi, il est dans la paix. Comme ses marins de Sakaï, quand Dieu vint le chercher, ne le trouva-t-il point là où il voulait qu'il fût ?

ALLOCUTION DE M. CALLA

Mon Révérend Père Supérieur,
Mesdames, Messieurs,
Mes chers Amis,

C'est avec une véritable émotion qu'en applaudissant l'éloquente parole du R. P. Lallemand, nous goûtions avec vous tous le charme de ce discours si pénétrant, si plein de fortifiantes leçons.

Élèves de Juilly, vous pouvez être fiers d'un tel maître qui, à la fois orateur et professeur, — j'ose réclamer son indulgence si j'ajoute un verbe à la citation, — mériterait si bien d'être appelé ici le *vir probus dicendi — ac docendi — peritus*.

En écoutant cet éloge si élevé, cette si vivante histoire d'un éminent serviteur de la France, avec tous les élèves de Juilly, nous étions fiers de nous rappeler que ce vaillant marin, cet officier d'un si rare mérite, ce ferme chrétien, avait été un des plus brillants élèves, était resté un des plus fidèles amis de cette maison. Quand la nouvelle de sa mort si soudaine et si imprévue vint assombrir notre dernière réunion de ce printemps, ce n'était pas seulement un deuil pour la famille juliacienne : c'était un deuil pour toute la marine française, pour tous ceux qui suivent avec un intérêt passionné tout ce qui touche, dans le présent comme dans l'avenir, à l'œuvre du relèvement national. La mort de l'amiral du Petit-Thouars souleva dans le pays tout entier une émotion profonde qui ne fut pas sans écho, même à l'étranger, et qui disait bien toute l'étendue d'une pareille perte.

Sentant et pratiquant si bien le devoir, le devoir tout entier, notre illustre camarade, dans ces jours de labeur et de recueillement, inspirait à tous la confiance; et tous avaient le sentiment qu'à l'heure du danger il eût été de ceux qui auraient su commander et vaincre.

Oui, du Petit-Thouars était vraiment l'homme du devoir, on pourrait même dire le devoir personnifié. N'est-ce pas le même éloge que méritait cet autre illustre élève de Juilly, dont nous célébrerons encore quelque jour la mémoire, le général de Sonis ?

Je lisais, ce matin, la lettre touchante que le général de Charette vient d'adresser à Mgr Baunard, l'éloquent écrivain de cette belle et émouvante vie de Gaston de Sonis.

Impossible de tracer en quelques mots, d'une manière plus saisissante, cette figure de « héros chrétien, de patriote et de croisé »; de mieux peindre ce « charmant cavalier, venant au galop dire aux zouaves pontificaux, sur le champ de bataille de Patay : « Al-« lons, Messieurs... en avant! pour Dieu et la France! » Qui aurait pu mieux rendre, et avec une concision toute militaire, un plus fidèle hommage au général de Sonis que le vaillant Charette, lequel, dans cette mémorable journée, fut doublement son compagnon d'armes, sous ses ordres et à ses côtés pendant la bataille, puis après les glorieuses blessures, près de lui encore, dans les affres de longues et mortelles souffrances !

Et après ces émouvants souvenirs, voici par quelle charmante pensée Charette termine sa lettre. On y retrouve bien tout son esprit et tout son cœur.

« J'ai eu le grand bonheur de lui céder la moitié du caveau que je m'étais réservé à Loigny. Mais, sans fausse modestie, *non sum dignus* d'aller reposer auprès de ce saint,... à moins qu'il ne m'emporte au ciel, comme il m'a entraîné sur le champ de bataille. »

Touchant éloge, Messieurs, et bien digne de notre illustre de Sonis qui, lui-même, résumait si simplement les convictions de son âme et les énergies de sa volonté, qui révélait si nettement le secret de sa vie, de son caractère et de ses vertus, dans ces deux mots, seule épitaphe qu'il voulut que l'on gravât sur sa tombe : *Miles Christi.*

Jeunes gens, c'est dans notre vieux et cher Juilly que Sonis et du Petit-Thouars avaient, en leur première jeunesse, recueilli les leçons et les principes de foi, d'honneur et de devoir, qui inspirérent toute leur vie.

C'est en effet dans des collèges comme Juilly que s'apprend véritablement le devoir, le devoir tout entier; à cette école de lumière qui ne sépare pas la science et la foi, la religion et la patrie, le progrès de l'instruction et le maintien de l'esprit chrétien.

Or, ce n'est pas seulement un collège, si bien

organisé soit-il, ni une réunion de professeurs si érudits et si dévoués qu'ils soient, qui peuvent assurer à la jeunesse les bienfaits d'une pareille éducation. Il y faut le culte des grands principes traditionnels, l'esprit et la permanence des saines doctrines ; et voilà comment Juilly est plus qu'un collège ; c'est une maison : on dit la maison de Juilly, c'est-à-dire, depuis des siècles, un foyer et une famille, un foyer de lumières, de foi, de science, de dévouement, une famille de maîtres, de frères et d'amis.

L'histoire de Juilly est là pour en témoigner. Et il faut remercier l'aimable et généreux écrivain, M. Hamel, le président de notre Association amicale, qui, par trois éditions successives de son beau livre, a fait connaître à notre génération tant de services rendus, tant d'hommes de bien et tant d'œuvres utiles dont le nom est lié à l'histoire de Juilly, depuis les temps de sainte Geneviève, depuis la vieille abbaye du moyen âge jusqu'à l'Oratoire du dix-septième siècle, depuis l'Académie royale, sous Louis XIII, jusqu'au collège de nos jours.

Tout à l'heure, aux applaudissements de cette assemblée, le R. P. Lallemand faisait l'éloge des élèves et saluait le souvenir de quelques-uns des plus glorieux d'entre eux.

Permettez à l'ancien élève, à son tour, de parler des maîtres et de leur apporter, au nom des anciens élèves et des amis de cette maison, en votre nom aussi, mes jeunes camarades, notre tribut d'affection et de reconnaissance.

Nous sommes heureux de saluer ici les successeurs des anciens maîtres, les continuateurs des disciples de Bérulle, poursuivant avec tant de zèle et d'intelligent dévouement l'œuvre des ancêtres, laquelle a ses racines au plus lointain des annales de notre vieux Juilly, dans cette abbaye de moines augustins fondée, à la fin du douzième siècle, par la piété paternelle de Foucauld de Saint-Denis, seigneur du lieu, en souvenir de Guillaume, son fils unique. « Comme si Dieu lui en eût inspiré le dessein, disait Mgr de Salinis à la distribution des prix de 1840, pour que ce sanctuaire, né de l'amour chrétien d'un père pour son fils, pût faire déjà pressentir, par une mystérieuse harmonie, sa destination future. »

Aux moines de cette abbaye, soixante ans plus tard, Blanche de Castille venait confier, pour les instruire et les élever chrétiennement, les fils des croisés morts aux deux batailles de Mansourah.

Peut-il être pour un collège chrétien une plus belle et plus touchante origine? Ici même, dans une solennité comme celle d'aujourd'hui, le P. Carl rappelait éloquemment cette tradition « perpétuée et restée vivante dans la maison de Juilly, justement fière de rattacher son berceau à cette noble réunion d'enfants qui avaient pour pères des héros et des martyrs, et de trouver ses premières assises dans une grande pensée de cette reine chrétienne qui donna à l'Église le plus aimable de ses saints et à la France le modèle de ses rois ».

Quel plus sûr asile et quelle meilleure école pouvait-on offrir à cette époque à la jeunesse, que ces monastères tant décriés depuis par l'impiété et l'ignorance, mais bien vengés par la reconnaissance de générations plus équitables et plus éclairées! Avec quelle hauteur de conviction Montalembert leur rendait cet éloquent hommage : « Le cloître fut, pendant toute la durée des âges chrétiens, l'école permanente des grands caractères, c'est-à-dire de ce qui manque le plus à la civilisation moderne.

« Ces moines si décriés avaient trouvé le secret des deux choses les plus rares en ce monde, du bonheur et de la durée. Ils avaient découvert l'art de concilier la grandeur d'âme avec l'humilité, les apaisements du cœur avec les ardeurs de l'intelligence, la liberté et la fécondité de l'action avec une soumission minutieuse et absolue à la règle, des traditions ineffaçables avec l'absence de toute hérédité, le mouvement avec la paix, la joie avec le travail, la vie commune avec la solitude, la plus grande force morale avec une entière faiblesse matérielle. »

Voilà, Messieurs, de quelles belles et fécondes origines pouvaient se prévaloir ici, dans cette illustre école, et le P. de Condren et les supérieurs oratoriens de Juilly, puis ceux qui dans ce siècle leur ont succédé dans ces murs, jusqu'au jour où le nouvel Oratoire a repris possession de cette maison, y trouvant intactes et vivantes la piété, la science et les saines traditions des ancêtres.

C'est à ce glorieux passé, c'est au mérite et au dévouement de ceux qui en ont recueilli l'héritage que je viens rendre hommage aujourd'hui. Je vous suis profondément reconnaissant, Monsieur le Supérieur, de l'occasion que vous m'avez offerte de dire bien haut ce que nous tous, amis de Juilly, nous avons dans le cœur.

Quel titre pouvait me valoir votre invitation si flatteuse à présider cette cérémonie? Nous étions habitués jadis à voir cette place occupée par quelque éminent prélat ou quelque grand dignitaire dont l'autorité et les services rendus rehaussaient encore la parole et les conseils.

Comme, avec son extrême bienveillance, le R. Père Supérieur insistait encore, à côté de l'honneur qui lui était fait, l'ancien élève de Juilly qui parle aujourd'hui devant vous, Messieurs, a trouvé un devoir à remplir, et il est venu comme témoin.

Témoin dans ce grand procès qui attriste notre société moderne, et dans lequel, avec autant de perfidie que d'aveuglement, on vient combattre les droits de la conscience et la liberté des âmes.

Témoin dans ce grand procès où l'on voudrait séculariser tout enseignement, toute éducation, en proscrire toute idée, toute influence religieuse, à l'encontre des véritables intérêts de la jeunesse, de la patrie et de la civilisation.

Témoin dans ce grand procès où nous avons du moins cette force et cet honneur de sentir avec nous tous ceux qui se réclament des antiques vertus et des traditions séculaires de la France chrétienne.

N'est-ce donc pas alors un devoir pressant, quand la jeunesse chrétienne est menacée en elle-même ou dans ses maîtres, de parler, de prendre leur défense, de venir témoigner hautement et pour eux et pour elle ?

Il y a trente et un ans que je quittais ce collège où si souvent nous sommes revenus, toujours avec joie et profit, assister à ses fêtes ; quelquefois aussi pour prendre part à ses deuils, appelés par le souvenir et la reconnaissance.

Ce n'est pas sans émotion que je pénétrais tout à l'heure dans cette salle où nous venions autrefois, comme vous aujourd'hui, mes cher amis, recueillir quelques prix et quelques couronnes. Mon regard y cherchait mes maîtres d'alors aujourd'hui disparus. Laissez-moi les saluer d'un souvenir ému et reconnaissant, ces hommes de bien, de cœur et de talent, qui ont été les amis et les protecteurs de notre jeunesse, l'abbé Bautain, le P. Carl, l'abbé de Régny, M. de Reinach, heureux de trouver encore et de saluer ici le survivant d'entre eux, le vénéré curé Mertian.

Et maintenant, m'adressant à vous, jeunes gens, laissez-moi vous donner un seul conseil ; c'est vous qui, dans votre maturité, inaugurerez le vingtième siècle : faites-le meilleur que celui qui s'achève.

Ah ! certes, nous ne sommes pas de ceux qui répudient ses gloires et ses conquêtes morales, ni qui méconnaissent ses prodigieux progrès dans l'ordre matériel, mais il faut reconnaitre que ce dix-neuvième siècle qui, au lendemain de la tourmente révolutionnaire, avait débuté par le Consulat et le *Génie du Christianisme*, s'avance vers son déclin dans le trouble des idées, la confusion des doctrines et le tumulte des appétits.

Qu'est devenu ce véritable patriotisme, fait de traditions, de confiance et de fidélité, et que de Maistre appelait « la loyauté exaltée de nos ancêtres »?

Nos générations éprouvées qui portent le poids de si grandes fautes, qui expient de si coupables abandons, ne peuvent-elles pas s'appliquer ces vers qu'Horace adressait aux Romains :

> Delicta majorum immeritus lues,
> Romane, donec templa refeceris ?

Que de temples à rouvrir, que de sanctuaires profanés qui attendent plus de liberté et plus de justice, que d'autels à relever, que d'asiles chrétiens à rendre à la prière et à l'étude, à la souffrance et à la pauvreté !

Comme le disait, après nos désastres de 1870, le vénérable et éloquent ami de cette maison de Juilly, Mgr Perraud, l'éminent supérieur général de l'Oratoire :

« Où est la France qui avait la force ? — Où est la France qui avait la foi ? »

Soyez, mes amis, de ceux qui lui rendront la foi ; c'est encore le meilleur moyen de lui rendre la force.

On parlait tout à l'heure de l'Alsace. Le P. Lallemand nous redisait cette part glorieuse prise par notre vaillant camarade du Petit-Thouars à la défense de Strasbourg. Quel milieu plus propice à recueillir ces récits patriotiques, ici, dans ce collège, où nos maîtres d'il y a trente ans, dont vous applaudissiez les noms et le souvenir, venaient tous de Strasbourg !

Ah ! Père Mertian, vous, le survivant de ces pieux et chers Alsaciens, nous fêterons l'an prochain votre cinquantième année de séjour à Juilly ; vivez longtemps encore au milieu de nous, et qu'un jour, bientôt, s'il plaît à Dieu, quelque élève de Juilly vienne vous dire, tout vibrant d'émotion : « Strasbourg est redevenu ville française. »

Or, jeunes gens, c'est à l'école de la foi et du devoir que se préparent de telles œuvres, que se méritent de telles fortunes, avec le sentiment de l'honneur et l'acceptation du sacrifice.

Ainsi armés, vous irez dans la vie, préparant et faisant meilleur ce vingtième siècle dont votre jeunesse vigoureuse et croyante affermira les débuts.

Un illustre philosophe, qui fut élève de Juilly, Bonald, observe que ce n'est pas seulement avec son siècle, c'est avec tous les siècles qu'il faut marcher ; « c'est aux hommes, dit-il, qu'il appartient de ramener le siècle à ces lois éternelles qui ont précédé les hommes et les siècles, et que les bons esprits de tous les temps ont reconnues. »

Soyez ces hommes-là, jeunes amis, dignes de vos

maîtres, et forts de leurs leçons. Ils vous donnent ici, avec leur savoir, le meilleur de leur âme et la plus précieuse des sciences, celle du devoir, c'est-à-dire le secret du bien-être moral; justifiant ainsi cette pensée à la fois si simple et si belle de Silvio Pellico : « Être l'homme qu'on doit être est jusqu'à un certain point la définition du devoir et celle du bonheur. »

Ainsi serez-vous dans le monde, jeunes élèves de Juilly, où vous devez être et ce que vous devez être. Allez avec confiance, en avant, pour Dieu et pour la France.

Et que l'on puisse dire, de chacun des enfants de Juilly, le mot du général de Sonis : *Miles Christi!*

PAROLES DE M. MENANT

AVOCAT

DÉLÉGUÉ DE L'ASSOCIATION AMICALE

Mes chers Condisciples,

J'aurais voulu vous laisser partir en vacances sous le charme bienfaisant des paroles si éloquentes et si patriotiques que vous venez d'applaudir.

Mais notre association amicale ayant bien voulu me désigner pour couronner le grand prix d'honneur de Juilly, la tradition me fait un devoir de vous adresser encore quelques mots.

Je dirai donc à votre camarade Raoul du Bernet, dont vous venez d'acclamer le nom, ainsi qu'à tous ses condisciples qui quittent avec lui ce soir le collège :

Mes jeunes amis,

Souvenez-vous que notre association amicale compte sur votre concours. Soyez au nombre des fidèles de nos réunions et de nos banquets. Si vous êtes heureux, vous nous ferez partager votre joie. Si, au contraire, le succès ne couronnait pas vos efforts, vous trouverez près de nous, soyez-en certains, aide et protection.

Enfin, mes chers camarades, conservez précieusement les nobles traditions qui, depuis trois siècles, sont l'honneur de Juilly, et qui vous ont été transmises avec tant de sollicitude et de dévouement par les maîtres vénérés que vous allez quitter.

Au milieu des épreuves et des écueils de la vie nouvelle où vous entrerez demain, ces nobles traditions fortifieront votre foi chrétienne et feront de vous, j'en ai la confiance, des hommes de cœur et de devoir, dont notre cher pays a si grand besoin.

FIN

www.ingramcontent.com/pod-product-compliance
Ingram Content Group UK Ltd.
Pitfield, Milton Keynes, MK11 3LW, UK
UKHW022128260726
13993UKWH00003B/1306